VENTE

Des Lundi 19 et Mardi 20 Décembre 1898

HOTEL DROUOT — SALLE N° 7

A DEUX HEURES TRÈS PRÉCISES

OBJETS D'ART

ET DE CURIOSITÉ

Moyen âge, XVIe, XVIIe et XVIIIe siècles

TRÈS BEAUX BIJOUX MODERNES

PROVENANT DE LA

Collection de Feu M. DUCATEL

Me DUCHESNE, COMMISSAIRE-PRISEUR

M. CAILLOT, EXPERT

IMPRIMERIE MAULDE ET RENOU

MAULDE DOUMENC & Cie

IMPRIMEURS DE LA COMPAGNIE DES COMMISSAIRES-PRISEURS

Rue de Rivoli, 144

CATALOGUE

DES

OBJETS D'ART

ET DE CURIOSITÉ

Du Moyen âge, Renaissance, Louis XIII, Louis XIV
Louis XV et Louis XVI

ÉMAUX DE LIMOGES DES XVIe & XVIIe SIÈCLES

BOIS SCULPTÉS, CUIVRES, PIERRES, MARBRES
VITRAUX, TABLEAUX, PENDULES, CANDÉLABRES, FLAMBEAUX
OBJETS DE VITRINE
FAÏENCES ET PORCELAINES ANCIENNES

TRÈS BEAUX BIJOUX MODERNES

ENRICHIS DE

Diamants, Émeraudes, Rubis, Perles, etc.

Le tout provenant de la Collection

De Feu M. DUCATEL

DONT LA VENTE AUX ENCHÈRES PUBLIQUES AURA LIEU

HOTEL DROUOT, SALLE N° 7

Les Lundi 19 et Mardi 20 Décembre 1898

A DEUX HEURES TRÈS PRÉCISES

Me G. DUCHESNE	M. CAILLOT
COMMISSAIRE-PRISEUR	EXPERT
6, rue de Hanovre, 6	17, rue Lafayette, 17

EXPOSITION PUBLIQUE

Le Dimanche 18 Décembre 1898, de 1 heure 1/2 à 5 heures 1/2

CONDITIONS DE LA VENTE

Elle sera faite au comptant.

Les acquéreurs paieront CINQ CENTIMES PAR FRANC en sus des enchères.

Aucune réclamation ne sera admise une fois l'adjudication prononcée.

MAULDE, DOUMENC et Cie, imp. de la Cie des Commissaires-Priseurs, rue de Rivoli, 144 700—78013

Tous les objets dont suit l'énumération proviennent de l'ancienne collection de feu M. Ducatel.

Que de souvenirs évoque le nom de ce collectionneur chez ceux qui l'ont connu alors que, dans son hôtel historique de Madame, il vivait au milieu des objets qu'il avait rassemblés ; tapisseries, tableaux de maîtres, émaux, bois sculptés, céramiques, armes, pièces d'orfèvrerie, livres rares, etc.

M. Ducatel, peintre et sculpteur à ses heures, ne s'était pas spécialisé dans une branche de la collection. Il aimait le bibelot ancien sous toutes ses formes et, dans des ventes faites antérieurement à celle-ci, les amateurs de tout genre ont toujours trouvé les bibelots où les raretés recherchés.

Il était juste de rappeler ici le souvenir de M. Ducatel, qui fut, en même temps qu'un collectionneur passionné, un artiste de grand talent.

DESIGNATION

NOTA. — La Vacation du Lundi 19 Décembre commencera par les Bijoux

BIJOUX

1 — Broche formée par une très grande opale entourée de douze brillants, monture or.

2 — Bracelet serpent en argent, enrichi de trente-cinq brillants, la tête est formée par une très grosse émeraude et l'extrémité est montée d'une émeraude plus petite.

3 — Bracelet en or monté d'une grosse perle grise de deux brillants et de roses.

4 — Bague composée d'un rubis de Siam entouré de quatorze brillants, monture or.

5 — Bracelet en or, chaton formé par une tête de hibou dont les yeux sont deux gros brillants.

6 — Broche formée par une grande mouche composéé de trois très grosses roses, d'un saphir jaune et petites roses. (*Pièce rare.*)

7 — Bracelet orné d'une turquoise entourée de quatorze brillants.

8 — Bracelet en or monté d'un gros rubis cabochon entouré de quatorze brillants.

9 — Bracelet serpent en or émaillé, la tête enrichie d'un saphir et les yeux formés de petites roses.

10 — Bracelet lézard en or enrichi de pierres vertes.

11 — Broche papillon en or enrichie de petites roses.

12 — Broche formée par une grosse pensée en or émaillé et améthystes enrichie au centre d'un brillant.

13 — Broche forme croissant en or, enrichi de brillants et petits saphirs.

14 — Deux Épingles de cravates enrichies de roses.

15 — Deux Épingles de cravates formées chacune d'une petite mouche enrichie de roses, d'un saphir et d'une émeraude.

16 — Chapelet en or et perles.

17 — Broche ovale formée d'un émail peint à sujet pastoral, entourage en perles, monture en or.

18 — Broche forme barrette avec pendeloques, enrichie de perles et roses, monture or et argent.

19 — Bracelet en or, chaton composé d'une grosse améthyste entourée de roses.

20 — Large Bracelet en or avec insectes enrichis de pierres diverses et petites roses.

21 — Bracelet en or avec ornements filigranés et chaton mobile forme cachet en cornaline, un autre cachet identique est suspendu par une chaîne de sûreté.

22 — Broche en or formée d'un petit lézard avec opale et petits rubis.

23 — Parure composée d'un Collier et deux Pendants d'oreilles en argent ornés de pierres de couleurs et petites perles.

24 — Petite broche en forme d'ancre enrichie de brillants et de roses.

25 — Épingle de chapeau composée d'une grosse poire en cristal de roche et petites émeraudes, monture en or.

26 — Broche formée par un cœur en perles, percé d'une flèche, avec petites roses, monture en or.

27 — Broche forme papillon enrichi de perles et de très petites roses, monture or.

28 — Bracelet en argent doré et émaillé, orné de cabochons en pierres vertes et rouges. Travail dans le goût égyptien.

29 — Neuf Bagues en or, ornées de pierres diverses, de camées et de miniatures. (*Sera divisé.*)

30 — Six Épingles de cravates en or et pierres diverses.

31 — Broche formée d'une hirondelle en perles, monture en argent doré.

32 — Deux paires de Boucles d'oreilles en or avec perles et roses.

33 — Paires de Pendants d'oreilles espagnols en argent doré et pierres vertes.

34 — Bracelet en or de différents tons et pierres de couleurs. Époque Louis-Philippe.

35 — Trente pièces diverses : Broches, Croix, Anneau en or et argent, montés de pierres diverses. (*Sera divisé.*)

OBJETS DE VITRINE

36 — Boîte ovale en argent doré, couvercle orné d'un émail polychrome de l'époque Louis XIV.

37 — Dix Boutons décorés d'émaux de *Cotteau* sur fond gros bleu. Époque Louis XVI.

38 — Petit Reliquaire Louis XIII en argent avec tête de Christ en ivoire.

39 — Quatre petites Gouaches, sujets religieux dans des cadres rectangulaires à moulures en bronze doré.

40 — Trois petites statuettes de Saints et de Vierge en bronze doré et argenté des XVIe et XVIIe siècles.

41 — Croix en argent émaillé avec chatons en pierres de diverses couleurs et petits bas-reliefs en bois sculpté dans le goût du XVIe siècle.

42 — Baiser de Paix en argent repoussé XVIIe siècle.

43 — Statuette de Christ en argent. Travail moderne.

44 — Grande Épingle de cravate, mufle de lion sur calcédoine antique, monture en or.

45 — Huit Couteaux manches en agate, lames en acier.

46 — Treize pièces en argent : Croix, Flacon, Boîte, Épingles, Bracelets, etc. (*Sera divisé.*)

47 — Croix en or émaillé.

OBJETS DU MOYEN AGE

48 — Croix processionnelle en argent. xve siècle.

49 — Croix processionnelle, partie en argent repoussé, partie en cuivre.

50 — Croix avec Christ en cuivre et vestiges de dorure ; la croix gravée est ornée de cabochons en verres de plusieurs couleurs. Travail byzantin.

51 — Pyxide cylindrique à couvercle conique en cuivre champlevé et émaillé. Quatre réserves sur le couvercle et six autres sur le pourtour représentent un château à trois tours en cuivre sur émail fond blanc ; le tout sur émail fond bleu. Limoges, xiiie siècle.

52 — Calice en argent et cuivre dorés, pied octogonal à galerie ajourée. La tige de forme hexagonale est ornée de six cabochons en émaux translucides et le pied offre deux écussons en même émail. XIVe siècle.

53 — Reliquaire en forme de monument gothique, en cuivre doré et décoré sur le pied de six petits émaux bleus.

ÉMAUX DE LIMOGES

54 — Grande Plaque rectangulaire représentant le Christ en croix, composition de nombreux personnages, émail polychrome. Limoges, XVIe siècle.

55 — Petite Plaque, *Jésus et la Samaritaine*, émail polychrome. Limoges, XVIIe siècle. Cadre en bois doré.

56 — Grande Plaque rectangulaire, la partie supérieure cintrée : *Le Christ devant Pilate.* Limoges, XVIe siècle.

57 — Triptyque composé de huit plaques représentant les différents versets du *Pater*, émaux en grisaille, chairs teintées. Limoges, XVIe siècle. Monture en ébène. (Vente du baron de Theïs).

58 — Grande Plaque rectangulaire : *La Nativité*, composition de nombreux personnages, émail polychrome. Limoges, XVIe siècle. Cadre bronze doré.

59 — Grande Plaque rectangulaire : *Le Lavement des pieds*, composition de nombreux personnages, émail polychrome. XVIe siècle. Cadre en bois doré.

60 — Grande Plaque rectangulaire : *La Résurrection*, émail polychrome. XVIe siècle. Cadre en bois doré.

61 — Bénitier en émail polychrome de B. NOUALHIER. Limoges, XVIIe siècle.

62 — Plaque rectangulaire : *Le Baptême du Christ*, émail polychrome. XVIe siècle. Grand cadre en bois noir rehaussé de dorure.

63 — Plaque rectangulaire : *La Flagellation*, émail polychrome. XVIe siècle. Grand cadre italien en bois doré.

64 — Plaque rectangulaire : *Jésus au Mont des Oliviers*, émail en grisaille. Limoges, XVIe siècle. Cadre en bronze doré.

65 — Plaque rectangulaire : *Jésus rencontre la Vierge*, émail polychrome. XVIe siècle. Cadre bois doré.

66 — Coffret composé de quatorze plaques en émaux polychromes, représentant les Travaux d'Hercule. Limoges, XVIe siècle. Monture en bois à moulures.

67 — Plaque octogonale : *L'Annonciation*, émail en grisaille. Limoges, XVIIe siècle. Cadre en bois doré.

68 — Plaque rectangulaire : *La Pentecôte*, émail en grisaille. Limoges, XVIe siècle. Cadre en bois sculpté et doré.

69 — Baiser de Paix : *Piéta*, émail polychrome de Pénicaud. Limoges, XVIe siècle. Encadrement en cuivre doré.

70 — Petite Plaque rectangulaire, la partie supérieure cintrée : *Le Christ en croix*, émail polychrome. Limoges, XVIe siècle. Cadre en cuivre doré.

FAIENCES ET PORCELAINES

71 — Très grande Plaque ronde formée de dix-sept pièces en ancienne faïence de Kutahia, décor polychrome de fleurs et d'ornements. Diamètre $0^{m},90$. (*Pièce rare.*)

72 — Plaque ovale en hauteur, en ancienne faïence de Delft. Décor polychrome.

73 — Potiche en ancienne porcelaine du Japon, décor bleu, rouge et or.

74 — Deux Pots à pommade cylindriques en ancienne porcelaine tendre de Mennecy, décor à bouquets de fleurs en polychrome.

75 — Cornet cylindrique en faïence hispano-mauresque, bleue et jaune métallique sur fond jaune chamois. Fin du xve siècle.

76 — Deux petits Plats en ancienne faïence de Manissès à reflets métalliques. xviie siècle.

77 — Deux Jardinières appliques avec séparation en ancienne faïence de Rouen polychrome, à décor de fleurs. Une est signée : Gardin.

78 — Deux grands Cornets en ancienne faïence de Nevers ; sur une face : Saint Pierre ; sur l'autre : une armoirie. xviie siècle.

79 — Gourde en ancienne faïence de Nevers, décorée en bleu dans le goût chinois.

80 — Six Bouquetières à six et huit goulots en ancienne faïence du Midi, à décors bleu et polychrome.

81 — Huit Jardinières appliques en ancienne faïence du Midi, plusieurs à décor polychrome et d'autres non décorées.

82 — Trois Soupières ou Légumiers, simulant un gros chou, un melon et un choufleur en anciennes faïences diverses.

83 — Deux Boîtes simulant des bottes d'asperges en ancienne faïence allemande.

84 — Deux pièces : Légumier simulant un melon et Boîte à épices à trois récipients adhérents à un plateau en forme de feuille, ancienne faïence de Marseille.

85 — Fontaine formant jet d'eau, en ancienne faïence, avec poissons, grenouilles, animaux divers et rocailles en relief. Décor polychrome dans le genre de Bernard Palissy

86 — Pot à eau en ancienne faïence de Moustiers. décor manganèse de grotesques, d'après Callot.

87 — Grande Théière en forme de coq, en ancienne faïence italienne, décorée au naturel.

88 — Douze Statuettes de Vierges et de Saints et deux bénitiers, en anciennes faïences diverses. *(Sera divisé.)*

89 — Cinq Lions en anciennes faïences de Nevers et de Rouen.

90 — Trois Pièces : grand Vase, Plateau à six lobes et Écritoire en terre vernissée brune d'Avignon.

91 — Environ trente pièces : Potiches, Soupière, Plats, Jardinières, Cuvettes, Encriers, Tête de Vierge, en anciennes faïences diverses. *(Sera divisé.)*

92 — Plat en ancienne faïence italienne brune de la Frata : *Moïse sauvé des eaux.*

93 — Statuette en ancienne porcelaine du Japon, décor polychrome.

94 — Grand Bol en ancienne porcelaine du Japon. Monture en bronze.

95 — Potiche couverte, Japon bleu.

96 — Douze pièces : Cornets, Cafetières, Sucriers, Pot à lait, Plat et Assiettes en porcelaine de la Chine, du Japon, de la Compagnie des Indes, et de Paris. *(Sera divisé.)*

BOIS SCULPTÉS

97 — Christ en croix, bois sculpté Louis XIV.

98 — Reliquaire formé par un Christ en croix, bois sculpté Louis XIII.

99 — Grand Bas-Relief Louis XIII, sculpté et doré, représentant les rayons glorieux; provient d'une église.

100 — Six Bas-Reliefs, bois peint en polychrome : Chemin de croix. Époque Louis XIII.

101 — Deux Bas-Reliefs sculptés et peints en polychrome représentant : *la Fuite en Égypte* et *l'Adoration des Mages*. Époque Louis XIII.

102 — Statuette de Sainte dévorée par un lion, bois sculpté et peint de plusieurs couleurs. Époque Louis XIII.

103 — Environ quarante pièces en bois sculpté : Consoles, Appliques, Bas-Reliefs, Cariatides, Têtes d'anges, etc. (*Sera divisé.*)

PENDULES, CANDÉLABRES, FLAMBEAUX, CUIVRES

104 — Grande Pendule d'applique avec socle en marqueterie de cuivre sur écaille de Boulle, ornements en bronze doré. Époque Louis XIV.

105 — Petite Pendule d'applique avec socle. Même travail que la précédente.

106 — Petite Pendule d'applique de même travail.

107 — Paire de Candélabres à trois lumières en cuivre argenté. Époque Louis XV.

108 — Paire de Bouts-de-Table à deux lumières en cuivre argenté. Époque Louis XV.

109 — Paire de Flambeaux en cuivre ciselé et argenté. Époque Louis XV.

110 — Paire de Flambeaux Louis XVI en cuivre argenté.

111 — Paire de Flambeaux en cuivre gravé. Époque Louis XIV.

112 — Paire de Flambeaux Louis XVI, en bronze ciselé et doré.

113 — Quatre paires de Flambeaux Louis XVI et de style, en bronze doré. (*Sera divisé.*)

114 — Deux paires de Bouts-de-Table à deux lumières en cuivre. Époques Louis XV et Louis XVI.

115 — Deux petites Appliques à une lumière, en cuivre, Louis XIV, et un Flambeau bas à deux lumières, en cuivre argenté. Louis XVI.

116 — Deux Vases à anses, en bronze argenté, sur socles en marbre. Style Louis XVI. Travail de la maison BARBEDIENNE.

117 — Paire de Flambeaux en bronze argenté de style Louise XVI. Même travail.

118 — Coupe en argent niellé, monture en bronze doré. Travail oriental du XVIe siècle.

119 — Deux petites Lampes de mosquée en cuivre repercé. Travail oriental.

120 — Huit pièces en bronze, cuivre et fer : Flambeau, Miroir, Aigle, petit Panier, Allume-Feu, etc. Travail oriental et italien. (*Sera divisé.*)

OBJETS DIVERS

121 — Environ trente pièces en Verre de Venise et de Bohême polychrome et incolore.

122 — Petite Toilette psyché avec tiroir en marqueterie de cuivre sur écaille, genre Boulle.

123 — Plaque en Verre étamé de Venise en relief, peinture représentant le *Lion de Saint-Marc*. Cadre Louis XIV en bois sculpté et doré.

124 — Bas-Relief Louis XIV, en cire, représentant Sainte-Madeleine. Cadre en bois sculpté.

125 — Christ en ivoire avec cadre en bois sculpté et doré. Époque Louis XIII. Au pied de la croix, un bénitier en cuivre doré.

126 — Cinq Peintures sur verre, sujets religieux avec cadres en bois sculpté, et en verre de Venise.

127 — Six pièces Peintures sur cuivre, dont une en cuivre repoussé, sujets religieux. Deux pièces sont encadrées.

128 — Dix pièces encadrées : Reliquaires et Sujets saints.

129 — Mappemonde de Delagrave sur pied en bois noir.

130 — Chaufferette en velours, garnie en argent Louis XIV.

131 — Plat en émail cloisonné. Travail moderne.

132 — Bas-Relief en albâtre : *la Cène*. Cadre Louis XIV en bois sculpté et doré.

133 — Haut-Relief en albâtre : *Saint Antoine*.

134 — Groupe en albâtre : *Pieta*.

135 — Haut-Relief en albâtre du XVIe siècle : *Le Mariage de la Vierge*.

136 — Quatre petits Bas-Reliefs en albâtre. Sujets religieux.

137 — Haut-Relief en albâtre, composé de sept personnages. Sujet religieux.

138 — Plaque cintrée en os gravé. Cadre en bois sculpté et ivoire gravé.

139 — Quatre grandes Verrières pour croisées.

140 — Environ cinquante Vitraux anciens et modernes. *(Sera divisé.)*

141 — Tête d'Ange, haut-relief en marbre.

142 — Peinture sur pierre : *La Naïvité*, dans un cadre Louis XIII, en bois noir avec ornements en cuivre argenté et doré.

143 — Peinture sur marbre : *L'Adoration des Mages*, dans un cadre ovale en cuivre doré, Louis XIV.

144 — Groupe de deux personnages en pierre dans le goût du xve siècle : *La Toilette de l'Enfant-Jésus*.

145 — Gouache sous verre et encadrée, représentant Sainte-Geneviève.

146 — Peinture sur cuivre de l'école italienne : *Le Christ couronné d'épines*. Cadre en bois doré.

147 — Sept Peintures sur cuivre : Sujets saints, encadrés.

148 — Mosaïque, Tête de Christ. Cadre en bois noir.

TABLEAUX, TAPISSERIES

149 — **École hollandaise.** Portrait d'Homme en buste. (Toile).

150 — Peinture Gréco-Russe : Sujets religieux. (Bois). Cadre sculpté et doré.

151 — **Verboeckhoven** (Attribué à Eugène). Berger endormi. Grisaille. (Toile).

152 — **Thionon** (Louis). Vue du chœur de Saint-Patrice. Aquarelle. Signée et datée : Rouen, 1876.

153 — **Wappers** (Attribué à). Scène d'intérieur. (Bois).

154 — **Roqueplan** (Attribué à). Intérieur d'étude de notaire.

155 — **Schendel** (Van). James Watt et sa famille; scène d'intérieur. (Bois). Cadre doré.

156 — **École primitive.** La Naissance de l'Enfant-Jésus. (Bois).

157 — **École italienne.** La Sainte Famille. (Bois). Cadre doré.

158 — **École primitive.** La Résurrection. (Bois). Cadre en bois doré.

159 — **École hollandaise.** Nature morte. (Toile). Cadre sculpté et doré.

160 — **École ancienne.** Madeleine repentante. (Toile). Cadre sculpté et doré.

161 — **École primitive.** Scène de festin. (Volet de Triptyque).

162 — **École ancienne.** Sainte Madeleine au pied de la croix. (Toile). Cadre sculpté et doré, Louis XIII.

163 — Deux Dessins par BAROCHE. — Un Dessin de CARLE VERNET. — Un Dessin d'après GREUZE.

164 — **Boucher** (Genre de). La Peinture et la Sculpture, sujets allégoriques. Peintures anciennes en camaïeu sur toiles de forme ronde. Diamètre $1^{m},05$.

165 — Fort lot de morceaux de tapisseries d'Aubusson et des Flandres.

166 — Tabouret en bois sculpté recouvert en tapisserie verdure.

167 — Écran en bois sculpté et doré, feuille à double face en tapisserie au point.

168 — Tapis d'Orient.

169 — Tapis d'Orient.

170 — Objets omis au présent Catalogue.

www.ingramcontent.com/pod-product-compliance
Ingram Content Group UK Ltd.
Pitfield, Milton Keynes, MK11 3LW, UK
UKHW021034260726
13994UKWH00005B/2133

9 782329 512358